Lima lieben lernen

Der perfekte Reiseführer für einen
unvergesslichen Aufenthalt in Lima -
inkl. Insider-Tipps und Tipps zum
Geldsparen

Mirella Lauterbach

INHALT

.

Das erwartet Sie in diesem Buch

Im Gegensatz zum weltberühmten Machu Picchu eilen Lima nicht so viele Assoziationen und Erwartungen voraus. Doch in diesem Buch erfahren Sie, was die Hauptstadt Perús zu bieten hat und warum es sich lohnt, sich für Lima ausgiebig Zeit zu nehmen. Die viertgrößten Metropole Südamerikas birgt über 5000 Jahre geheimnisvolle Vergangenheit. Sie bietet einzigartige barocke Kolonialpaläste, kreative Street-Art und vor allem fantastisches Essen. Keine andere Küche des Kontinents ist so vielfältig und außergewöhnlich wie die von Lima. In diesem Buch erfahren Sie, was ihren besonderen Charme ausmacht, und natürlich gibt es obendrein zahlreiche Tipps, die Ihren Aufenthalt zum richtigen Feinschmeckererlebnis werden lassen. Wo wird der beste Pisco Sour serviert? Wo das frischste Ceviche? Oder auch: Wo essen die Einheimischen? Auf all diese Fragen werden Sie in diesem Ratgeber Antwort finden.

Die Stadt der Könige hat eine spannende Geschichte zu erzählen. Erfahren Sie mehr über das Erbe der Inka und die Macht der spanischen Eroberer, über Zerstörung und Neuaufstieg der heute flirrenden Großstadt. Die Museenlandschaft ist überwältigend und wird in einem eigenen Kapitel ausführlich vorgestellt. Hinweise zur Budgetplanung und Insider-Tipps für Schnäppchenjäger helfen, den Geldbeutel zu schonen und das Beste von Lima in vollen Zügen zu genießen. Schon in den Kalender geschaut?

Die vielen Feiertage und Festlichkeiten bieten Gelegenheit, sich direkt unter das Volk zu mischen und hautnah die Sitten und Bräuche des Landes mitzuerleben. Wussten Sie, dass es hier auch ein Oktoberfest gibt? Dieser Reiseführer führt Sie durch das historische Stadtzentrum, das schöne Barranco und das angesagte Miraflores und bereichert durch besondere Geheimtipps Ihre Reise um unvergessliche Momente. Wer es eilig hat, findet unter „Best of Lima" alles, was man unbedingt gesehen haben muss. Lassen Sie sich verzaubern!

Allgemeines

Lima ist nicht nur gleichzeitig Hauptstadt und die bevölkerungsreichste Stadt von Perú, sondern sie ist mit derzeit etwa 11 Mio. Einwohnern auch die fünftgrößte Metropole Lateinamerikas. In der Metropolregion Lima-Callao leben 30 % der Landesbevölkerung. Sie ist das politische, wirtschaftliche, industrielle, kulturelle, finanzielle und kommerzielle Zentrum des Landes. Die „Stadt der Könige", wie Francisco Pizarro sie bei der Gründung taufte, ist auch in jüngster Zeit immer wieder Gastgeber international beachteter Ereignisse, wie z. B. den „Juegos Panamericanos" im Jahr 2019, der UN-

Klimakonferenz im Dezember 2014 oder der U-17-Fußballweltmeisterschaft 2021.

Lima ist nicht unbedingt für sein gutes Wetter bekannt – im Gegenteil. Von April bis Oktober liegt eine schwere Wolkendecke unveränderlich über der Stadt. Die *garúa*, dichter Nebel, hüllt die Stadt Tag für Tag in tristes Grau. Die melancholische Stimmung im Winter ist charakteristisch für Lima und hat manchen Dichter inspiriert. Sebastian Salazar Bondy, Essayist, beschreibt in seinem Buch „Lima, la horrible", übersetzt „Lima, die Schreckliche", die „klebrige garúa" als „ein schwebender Puder, ein kalter Nebel". Der gebürtige *limeño* und Literaturnobelpreisträger Mario Vargas Llosa dagegen sagt, er vermisse manchmal die *garúa* von Lima so sehr wie die alten Fußballspiele an der Uni.

Man sieht Lima das explosionsartige Wachstum der letzten Jahrzehnte an. Die extreme Landflucht in den 1960er- und 1980er-Jahren schwemmte überwiegend Menschen indigener Herkunft in die Städte und steigerte das Problem der informellen Siedlungen. Mittlerweile verbessert sich die Gesundheitsversorgung und der Zugang zu öffentlichen Dienstleistungen, aber die

Wohnverhältnisse sind nach wie vor oft prekär und die Kriminalität enorm hoch.

Davon ist im Bankenviertel San Isidro und im schicken Miraflores nichts zu merken. Wie in allen Metropolen sind hier die krassesten Gegensätze in direkter Nachbarschaft anzutreffen.

Die Geschichte der Stadt

O bwohl die Geschichte der Stadt Lima erst mit der Gründung durch Francisco Pizarro am 18. Januar 1535 beginnt, reichen die Ursprünge der Besiedelung des Rímac-Tals bis ins erste Jahrhundert n. Chr. zurück. In dieser Zeit wurde die Region von den Kulturen Lima, Wari, Ichma und sogar von den Inka besiedelt.

Als 1535 die spanischen Eroberer im Tal des Flusses Rímac angelangten, hatten die Ichma erst wenige Jahrzehnte zuvor ihre religiöse Kultstätte

Pachacámac aufgeben müssen, da sie von den kriegerischen Inka bedrängt wurden. Die Überreste, die sie hinterließen, waren jedoch erstaunlich. Tempel und Pyramiden, Paläste und Straßen. Die Inka übernahmen das Territorium und bauten die Stadt nach ihren Ansprüchen aus.

Als Francisco Pizarro und seine Mannen 1532 in Perú landeten, um neue Kolonien für die spanische Krone zu erobern, hatte das Land bereits viele Zivilisationen aufblühen und zerfallen sehen. Die Eroberung Perús durch die spanischen Eroberer erfolgte brutal und effizient. Nachdem 1532 der oberste Inka Atahualpa durch eine Gruppe spanischer Eroberer getötet worden war, bezwang Francisco Pizarro das gesamte Imperium der Inka. Von der Spanischen Krone war er zum Gouverneur aller zu erobernden Gebiete ernannt worden. Und so begann er bald mit der Suche nach einem geeigneten Ort für die Gründung seiner Hauptstadt. Seine erste Wahl fiel auf die Stadt Jauja. Problematisch war jedoch ihre weite Entfernung zur Küste und die ungünstige Lage mitten in den Anden. Spanische Entdecker berichteten von einem besseren Ort im Rímac-Tal in der Nähe des Pazifischen Ozeans, mit reichlich Wasser und

Holz, ausgedehnten Anbaufeldern und einem angenehmen Klima. Dieser Ort war damals die Stadt Rímac und von 20 000 Einwohnern bewohnt. Die Spanier gründeten also eine Stadt auf einer bereits existierenden und aus Rímac wurde Lima. Dort, wo heute die Plaza Mayor de Lima liegt, wurde die Hauptstadt vom neu eroberten Andenreich von Pizarro gegründet, mit dem klangvollen Namen „Ciudad de los Reyes" – Stadt der Könige. Pizarro selbst soll bei der Planung und Abmessung der Plaza Mayor und der sie umgebenden Stadtanlage beteiligt gewesen sein und den ersten Stein der heutigen Kathedrale von Lima gesetzt haben.

Auch der Palacio Virreinal, der heutige Regierungspalast, wurde für Pizarro gebaut. Er trägt heute noch den Beinamen „Casa de Pizarro". Die Ureinwohner der Stadt wurden in die nähere Umgebung abgeschoben und die Erbauung der neuen Hauptstadt vorangetrieben. Aber schon bald belagerten rebellische Ureinwohner unter der Führung des Manco Inka das neu gegründete Lima. Der Angriff wurde blutig von den Spaniern niedergeschlagen und die Spanische Krone gab der Stadt ein Wappen und erkannte ihre Gründung an.

Die darauffolgende Epoche nennen wir heute *época virreinal*, die Epoche des Vizekönigreichs Perú. In dieser Zeit avancierte Lima zum bedeutenden kulturellen, religiösen und politischen Zentrum der spanischen Eroberer. Nur 16 Jahre nach der Stadtgründung wurde die erste Universität gegründet. Die nationale Hauptuniversität San Marcos existiert noch heute. Auch die katholische Kirche machte ihren Machtanspruch in der Neuen Welt bald geltend. 1541 wurde Lima Sitz einer Diözese der katholischen Kirche, die fünf Jahre später Erzdiözese wurde.

Im 17. Jahrhundert florierte Lima als Zentrum eines riesigen Handelsnetzwerks, das das Vizekönigreich Peru mit Amerika, Europa und Ostasien verband, und schon bald hatte sich die improvisierte spanische Siedlung aus baufälligen Lehm- und Holzbauten in eine vizekönigliche Metropole verwandelt. Das Gold aus den Anden wurde über den Hafen von Callao nach Europa verschifft und brachte der Stadt großen Wohlstand, der sich in ihrem raschen Wachstum widerspiegelte.

Um sich gegen Piraten zu verteidigen, wurden Mitte der 1680er-Jahre die Stadtmauern von Lima gebaut. Im selben Jahr, in dem der Bau der Mauern abgeschlossen war, wurde ein Großteil von Lima durch ein verheerendes Erdbeben zerstört. Das Glück und der Reichtum der Stadt schwanden weiter durch kommerzielle Rezessionen, den Rückgang der Silberproduktion und die Konkurrenz zum mächtigen Buenos Aires und andere schnell wachsende südamerikanische Städte.

1746 zerstörte ein weiteres verheerendes Erdbeben große Teile der Stadt. Doch der Wiederaufbau erfolgte in noch größerer Pracht. Damals entstanden die barocken Kirchen und großzügigen Herrenhäuser, die noch heute die Ansicht auf den alten Stadtkern prägen.

Als 1821 die Unabhängigkeit Perús durch den General San Martín erklärt wurde, wandelte sich auch der Status der Stadt Lima. Sie wurde Hauptstadt der neu gegründeten Republik Perú. Die Regierung der Befreier und der ersten verfassungsgebenden Versammlung situierten sich in Lima. Doch die ersten Jahre der Republik waren keinesfalls friedlich. Ständige Konfrontationen zwischen Militärführenden und der demokratischen Regierung führten zu Belagerungen, Militärputschen und bewaffneten Auseinandersetzungen auf offener Straße.

Auch nachdem Lima die neue Hauptstadt der Republik Peru geworden war, befand sich die Stadt bis Mitte des 19. Jahrhunderts im wirtschaftlichen Niedergang. Dann allerdings erfolgte der Umschwung und Lima erblühte wieder zum Exportzentrum. Gleichzeitig wuchs die Stadt und modernisierte sich. Die alte Stadtmauer wurde abgerissen, um neuen Alleen Platz zu machen, die heute die Orientierung und den Verkehrsfluss in der Stadt prägen.

Doch vom neuen Reichtum bekamen die armen Bewohner nichts zu spüren. Während des Pazifikkrieges gegen Chile von 1879 bis 1884 entlud sich der ganze Frust der Einheimischen gegen die Regierung. Sie fügten wohlhabenden Bürgern und Stadtunternehmen fast ebenso viel Schaden zu wie die chilenischen Truppen den öffentlichen Bildungs- und Kulturinstitutionen. Nach Ende des Pazifikkrieges im Jahr 1883 trat Lima in eine Expansionsphase ein, die bis in die 1920er-Jahre andauerte.

Ein weiteres verheerendes Erdbeben zerstörte 1940 die meisten Gebäude der Stadt, die nur aus Ton, Sand und Wasser gebaut waren. Bald darauf strömten Migranten aus ländlichen Andendörfern nach Lima – auf der Suche nach Arbeit und Bildungschancen. In den vier Jahrzehnten darauf explodierte die Einwohnerzahl der Stadt von etwa 600.000 im Jahr 1940 auf fast fünf Millionen im Jahr 1980. Infolge dieses schnellen Wachstums tauchten überall in der Stadt Slums auf.

Zwischen mehreren Diktaturen, Terrorismus und Hyperinflation im 20. Jahrhundert blieb Peru kaum Zeit für eine Stabilisierung. Doch die ersten beiden Jahrzehnte des neuen Jahrtausends brachten dem Land und seiner Hauptstadt einige Erholung. Die Wahlen verlaufen seitdem demokratisch und friedlich. Die Wirtschaft wächst seit 2003 kontinuierlich und die Bereiche Export und Tourismus entwickeln sich vielversprechend. Auch kulturell hat sich Lima gemausert. Seit die Gastronomie mit Gastón Acurio globale Strahlkraft entwickelt hat, ziehen andere Bereiche nach. Junge Modedesigner, Künstler und innovative Musikgruppen verjüngen die Szene und bereichern die Stadt. Heute sind Miraflores, San Isidro und Barranco die wohlhabendsten und angesagtesten Stadtteile der Stadt sowie natürlich das attraktive historische Zentrum.

Die Geschichte Limas ist von vielen Erdbeben, Zerstörung und Wiederaufbau, Zuwanderung, Aufstieg und Niedergang geprägt. Auch heute sieht sich die Gesellschaft mit vielen Problemen konfrontiert, sei das die Armut, Rassismus gegen Indigene, die Umweltzerstörung in vielen Teilen des Landes. Das ganze Land schaut auf Lima und die dortigen Entscheidungsträger. Das Auf und Ab der Geschichte hat ihr einen unverwüstlichen Charakter gegeben. Auch die einheimischen Limenos zeichnet diese Unbeirrbarkeit aus. Aber entdecken Sie selbst die stolze Hauptstadt!

Best of Lima –
Was man gesehen
haben muss

Dieses Kapitel stellt Ihnen kurz und knackig die interessantesten Sehenswürdigkeiten und Aktivitäten vor, die auch bei einem kurzen Aufenthalt in Lima nicht fehlen dürfen. Starten wir also endlich mit der Besichtigung Limas! Am besten beginnt man den ersten Tag in Lima mit einem Spaziergang durch den kolonialen Kern der Stadt. Im nächsten Kapitel finden Sie dazu eine ausführliche Beschreibung. Hier erwartet Sie die imposante und von Palmen gesäumte Plaza de Armas, das Herzstück des alten Lima, um die sich die wichtigsten Institutionen des Landes in kanariengelben Palästen aus der Kolonialzeit gruppieren. Zur Zeit des Vizekönigreichs diente die Plaza de Armas als Markt- und Richtplatz, aber auch als Zwinger und Ort für Volksfeste. Auf der Südostseite ragt die Kathedrale von Lima auf. Sie beherbergt herrliche Kunstschätze aus dem Barock sowie die sterblichen Überreste von Francisco Pizarro. Einen Besuch sollte man sich daher auf keinen Fall entgehen lassen!

Das Museo Larco ist der ideale Ort, um in die geheimnisvolle Geschichte des Landes einzutauchen. Die Ausstellungen zeigen einen großen Schatz an Exponaten aus den verschiedenen Kulturen und Zeitaltern und begeistern den Besucher mit lebhaften Einblicken in über 5000 Jahre Vergangenheit.

Wer nicht nur im Museum auf den Spuren alter, präkolonialer Zivilisationen wandeln will, findet in Miraflores zwischen modernen Hochhäusern die Huaca Pucllana. Die ehemalige Kultstätte in Form einer gigantischen Lehm-Pyramide wurde um 500 n. Chr. von der Kultur der Lima errichtet und als politisches und zeremonielles Zentrum genutzt. Hier spürt man die Vergangenheit hautnah, denn man betritt mit eigenen Füßen einen Ort, der von längst vergessenen Zeiten erzählt.

Wer etwas mehr Zeit hat, fährt ins 30 km südlich gelegene Pachacámac, um dort die noch weit komplexeren Ruinen alter Tempel zu erkunden, die von vielen verschiedenen Kulturen erbaut und genutzt wurden.

Abenteuerlustige Feinschmecker können am Wochenende in Barranco zwischen altehrwürdigen Villen im Kolonialstil das Food Festival „A Taste of Barranco" erleben und dabei tolles Streetfood kosten – zu relativ günstigen Preisen.

Wer den Abend nach viel Sightseeing entspannt ausklingen lassen will, kann sich im Parque de la Reserva am Circuito Mágico del Agua vom bunten Spiel der zwölf prächtigen Fontänen verzaubern lassen. Den Höhepunkt des Abends bildet die Lasershow an der Fuente de Fantasía. Ein Spektakel, das man gesehen haben muss!

Wie in jedem hochkatholischen Land, gibt es auch in Peru besondere Heilige. Im Kloster der Iglesia de Santo Domingo kann man die Schädel der drei wichtigsten Heiligen des Landes bestaunen, der Santa Rosa de Lima, San Juan Macías und San Martín de Porres.

Ein weiteres Highlight sind außerdem die Katakomben im Kloster San Francisco. Sie sind bis oben hin mit Knochen gefüllt. Aber das Kloster bietet noch mehr: In seiner bemerkenswerten Bibliothek beherbergt es wertvolle Texte, teilweise aus der Zeit vor der spanischen Eroberung.

Noch auf der Suche nach Souvenirs? Dann auf zum Mercado Indio zum Stöbern und Staunen! Auf diesem quirligen Markt wird vom flauschigen Pullover aus Alpaka-Wolle bis zu traditionell peruanischen Musikinstrumenten alles verkauft, was das Traveller-Herz begehrt.

Empfehlenswert ist außerdem ein Nachmittagsspaziergang durch den Kennedy-Park. Dort treffen sich stets Straßenmusiker und Künstler, die mit ihren Darbietungen ein ganz einmaliges Ambiente schaffen und zum Verweilen einladen.

Wer dann noch den richtigen Kick sucht, kann in Miraflores mit dem Gleitschirm über die Klippen am Pazifik segeln. Einen Tandemflug mit Full-HD-Video und großartigen Foto gibt es schon ab

50 Euro. Ein Erlebnis, das Ihren Lima-Aufenthalt definitiv unvergesslich macht!

Romantiker sollten sich auf keinen Fall einen Drink in der Bar Posada del Mirador entgehen lassen. Nirgends ist die Aussicht auf den Pazifik schöner, die Stimmung zauberhafter und die Ceviche frischer!

Zum Feiern trifft sich die Partygemeinde von Lima gleich nebenan, denn den Bars und Clubs von Barranco rund um den Parque Municipal steigt das Nachtleben. Was an keinem Abend in Lima fehlen darf? Ein Glas Pisco Sour! Die vielen ausgefallenen Bars im lebhaften Barranco bieten die besten Variationen des traditionsreichen Nationalgetränks an. Ein unbedingtes Muss bei jedem Besuch in Lima!

Spaziergang durch die historische Altstadt

Den ersten Tag in Lima sollte man unbedingt mit einem Spaziergang durch das koloniale Herz der Stadt beginnen. Auf der Plaza San Martín startet unser kleiner Rundgang, der Sie mit den wichtigsten Sehenswürdigkeiten des alten Lima bekannt machen soll. Hier steht unter anderem das prächtige Gran Hotel Bolívar, auf das wir später noch zu sprechen kommen. Über die lebhafte Fußgängerzone Jirón de la Unión, vorbei an der bereits 1541 errichteten Kirche Iglesia de la Merced, gelangt man zur Plaza de Armas, dem glanzvollen Herzstück der Metropole. Hier thronen von Palmen gesäumt die reich verzierten gelben Paläste der Kolonialzeit. Der imposante Präsidentschaftspalast, der Palacio de Gobierno, begrenzt die Nordostseite der Plaza. Hinter dem Palast fließt der Río Rímac. Daran grenzt der weitläufige Parque de la Muralla mit originalen Überresten der alten Stadtmauer.

Die Avenida Amazonas führt uns von diesem kleinen Abstecher zurück und weiter zum Kloster San Francisco. Dort erwarten uns Katakomben samt der darin in geometrischen Mustern angeordneten Schädel und Knochen von Tausenden Verstorbenen. Nicht weit davon entfernt liegt die Plaza Bolívar, nach dem Befreier Perús Simón Bolívar benannt. Dort liegen auch der Kongress und das schauerliche Museum über die Inquisition.

Die Avenida Ayacucho führt uns weiter zum Mercado Central, dem quicklebendigen Markt mit einer überwältigenden Fülle an Waren. Von tropischen Früchten bis Fußballtrikots bekommt man hier einfach alles. Zum Abschluss flanieren wir über die Avenida Capón hinüber ins Chinatown von Lima, das Barrio Chino. Hier laden Cafés und Restaurants zum Verschnaufen ein. Einen Imbiss haben Sie sich jetzt wirklich verdient!

Die besten Attraktionen

D er **Circuito Mágico del Agua** im Parque de la Reserva (Reservepark) ist den ganzen Tag über zugänglich. Allerdings belebt er sich erst abends, wenn die Schaulustigen kommen, um dem eindrucksvollen Spektakel der beleuchteten Fontänen des Circuito Mágico del Água beizuwohnen. Zwölf extravagante Wasserspiele laden zum Staunen ein. Höhepunkt des Abends ist die spektakuläre Lasershow an der 120 m langen Fuente de Fantasía, die von einem Medley aus traditionell peruanischer und moderner Musik untermalt wird.

Jeden Tag um 12 Uhr findet am Regierungspalast der Wachwechsel, **Cambio de Guardia** genannt, statt. Wie an vielen Palästen der Welt ist auch in Lima die Wachablösung an der Plaza de Armas eine beliebte Attraktion für viele Schaulustige.

Wussten Sie schon, dass Peru die Heimat einer ganz besonderen Pferderasse ist? Die Rede ist vom stolzen **Caballo de Paso.** Diese berühmte peruanische Pferderasse mit Wurzeln in Spanien soll den weichsten Gang (paso) der Welt haben. Tatsächlich kann man in vielen Shows das Tänzeln der schönen Tiere bewundern. Besonders reizvoll sind Events, bei denen Reiter und Pferd im Duett mit einer barfüßigen Tänzerin in flirtenden Kreisen die Marinera Norteña, einen peruanischen Liebestanz, vollführen. Beliebt sind professionell veranstaltete Ausflüge zu den Gestüten oder sogenannten *huertas* in der Umgebung von Lima, z. B. nach Pachacamac. Die Besucher werden mit gutem Essen und den traditionellen peruanischen Tänzen verwöhnt. Wer selbst reiten möchte, kann vom Centro del Caballo Peruano de Paso aus traumhafte Ausritte am Strand entlang unternehmen.

Wollten Sie schon immer mal **Gleitschirmfliegen**? Im schönen Miraflores bietet sich dazu die einmalige Gelegenheit und das schon ab etwa 50 Euro. Das Abenteuer startet vom „Paraport"-Felsen im Parque Raimondi. Dafür empfiehlt es sich, im Voraus zu buchen. Die Genusseinkäufer der LarcoMar-Shoppingmall können die bunten Schirme vor den Klippen vorbeisegeln sehen – und andersrum.

Was darf bei keinem Besuch in Lima fehlen? Natürlich ein Schluck des Nationalgetränks! **Pisco Sour** ist ein Cocktail, der aus dem Traubenschnaps Pisco und Limettensaft, Zuckersirup und Eiklar gemixt wird. Verfeinert mit Zimt und Cocktail- oder Angosturabitter wird der Pisco Sour zum echten Kenner-Erlebnis. Und das hat Tradition: Die wahrscheinlich erste Erwähnung von Pisco Sour findet sich in einem Reiseführer aus den 1920er-Jahren. Schon damals führte ihn das Restaurant Maury auf der Karte, heute pilgern Pisco-Fans zur angeblichen Wiege des Pisco Sour. Der wahre Ursprung des Pisco ist allerdings immer noch Streitpunkt zwischen Peru und Chile. Beide reklamieren die Erfindung für sich. Dem Besucher kann das egal sein. Mittlerweile gibt es zahlreiche Variationen von Experimentierfreudigen, von denen sich der Gast in einer der vielen kultigen Bars in Barranco überraschen lassen kann. Die besten Pisco Sours von ganz Peru bietet aber definitiv das Bolivarcito, die lebhafte Bar des Gran Hotel Bolívar an der Plaza San Martín.

Die Seufzerbrücke **Puente de los Suspiros** in Barranco ist definitiv der romantischste Ort in Lima und daher ein beliebter Treffpunkt für erste Dates. Sie wird in vielen peruanischen Volksliedern besungen. Unweit der Hauptstraße Avenida San Martín erhebt sich die filigrane Holzbrücke über den Steinweg und führt in sanftem Bogen zum Strand. Straßenkünstler, Rosenverkäufer und die Lichter der Bucht vervollkommnen am Abend die romantische Stimmung.

Aber Barranco hat noch mehr zu bieten als nur romantische Stimmung, schicke Lokale und altehrwürdige Villen. Barranco ist nämlich gleichzeitig das Künstlerviertel Limas schlechthin. Wer sich auf die Suche nach urbaner Kunst macht, wird im Szene- und Künstlerviertel manchen magischen Ort entdecken. Ein kleiner Insidertipp ist das Museo Jade Rivera. Die ausgestellten Wandmalereien zeigen eindrucksvoll die Entwicklung des Künstlers von seinen Anfängen bis zu seinen letzten Werken. Die Motive sind bunt, peruanisch und berührend. Wer noch mehr Street-Art will, fährt nach El Callao.

Noch auf der Suche nach passenden Souvenirs und Geschenken? Oder noch nicht ausreichend gerüstet gegen kalte Andenluft, die einen vielleicht bei der Weiterreise erwartet? Dann empfiehlt sich ein Shoppingausflug zum **Mercado Indio**. Von bunten Mützen mit Lama-Mustern bis zu traditionellen peruanischen Instrumenten – auf diesem Markt kann man ausgiebig stöbern. Die farbenfrohen und teilweise knalligen Muster der Textilien fallen dem Besucher sofort ins Auge und sind sehr beliebt – ob als Decken, Tragetücher, Wandteppiche oder auf Taschen. Typisch sind auch Figuren aus Keramik und natürlich Schmuck. Wer nach Preisschildern sucht, wird hier allerdings keine finden, denn feste Preise gibt es nicht. Hier ist Handeln angesagt. Nur keine Scheu! Interessiert man sich für eine bestimmte Ware, so fragt man den Verkäufer nach dem Preis. Dieser ist meist etwas höher als der übliche

Verkaufspreis. Darauf sollte man freundlich, aber bestimmt mit einem niedrigeren Gegenangebot antworten. Wenn Käufer und Verkäufer sich einigen, schließen beide glücklich das Geschäft ab. Beharrt man auf einem zu niedrigen Preis, ist der Händler gekränkt. Sagt einem der Preis nicht zu, sucht man eben woanders weiter oder man fragt nach einer preiswerteren Alternative.

Eine eher ungewöhnliche, aber sehenswerte Attraktion ist ein von Rafael Marquina entworfenes Gebäude. Es stammt aus dem frühen 20. Jahrhundert. Es wurde ursprünglich als Bahnhof gebaut, jedoch wurden mit der Zeit Busse in Peru immer beliebter als Züge und das Bahnhofsgebäude dadurch nutzlos. Heute beherbergt es eine Bibliothek mit dem Namen „**La Casa de Literatura Peruana**". Der Eintritt ist kostenlos.

Die Museen von Lima

D ie meisten Museen befinden sich in den Stadtteilen Miraflores, Pueblo Libre, San Borja, Barranco und El Centro und haben zumeist von Dienstag bis Sonntag geöffnet. Die außergewöhnliche Vielfalt und Qualität der Museen in Lima sollte man unbedingt nutzen, um einen Einblick in die Kultur und Geschichte des Landes zu bekommen. Zudem sind die Preise bei fast allen Museen sehr günstig. Erwachsene zahlen zwischen 3 Soles und 10 Soles, also umgerechnet 75 Cent bis 2,50 €. Die Ausnahmen sind das

Museo Larco und das Museo de Arte de Lima, wo man 8 € bis 10 € bezahlt. Besondere Vergünstigungen gibt es für Kinder, Schüler, Studenten und Senioren.

Das **Museo Larco** bietet ein einmaliges Panorama über 5000 Jahre Entwicklungsgeschichte des präkolumbischen Perú. Einzigartig gelegen, in einem vizeköniglichen Herrenhaus aus dem 18. Jahrhundert und umgeben von wunderschönen Gärten, präsentiert es die schönste und außergewöhnlichste Sammlung von Gold und Silber aus dem alten Peru sowie eine berühmte Kollektion erotischer Kunst. Das Museum zeigt Exponate von verschiedenen Zivilisationen wie den Chimú, Lambayeque und Mochica, also Prä-Inka-Kulturen. Die Kunstwerke des Larco Museums werden in den renommiertesten Museen der Welt ausgestellt und gelten weltweit als Ikonen präkolumbischer Kunst. Das Museum befindet sich in der Avenida Simón Bolivar 1515, im Stadtteil Pueblo Libre.

Auch das **Museo de Arqueología, Antropología e Historia** befasst sich mit der Geschichte von präkeramischen Zeiten bis zur Republik. Als herausragendes Exponat ist die Raimondi-Stele, eine 2,10 m hohe Felsskulptur der Chavín-Kultur, zu nennen. Auch das Museumsgebäude hat historische Bedeutung. Einst diente es den Revolutionshelden Simon Bolívar und San Martín als Quartier. Bemerkenswert ist eines der Gemälde aus der Kolonialzeit, eine Darstellung des Letzten Abendmahls, welche Jesus und seine Jünger beim Verspeisen von *cuy* zeigt.

Das **Museo de la Cultura Peruana** präsentiert peruanische Volkskunst. Bemerkenswert sind die *retablos*, Wandreliefs mit Heiligenkästen, aus Ayacucho. Auch der Federschmuck aus dem Amazonasgebiet und die historischen Keramiken aus Puno sind durchaus sehenswert. Wer länger in Lima ist, kann hier Kurse für einige peruanische Musikinstrumente und Volkstänze wie die *Marinera* besuchen. Es ist zu finden auf der Avenida Alfonso Ugarte 650.

Das **Museo de Arte Lima (MALI)** ist Limas wichtigstes Museum für schöne Künste und in einem eindrucksvollen Kolonialbau untergebracht. Neben regelmäßigen Sonderausstellungen werden in der Dauerausstellung Exponate gezeigt, die von präkolumbischer Zeit bis in die Gegenwart reichen. Sonntags beträgt der Eintrittspreis nur 1 S. Das Museum liegt auf dem Paseo Colón 125.

Der große Reichtum der präkolumbischer Kulturen kann im **Museo Oro del Perú y Armas del Mundo** neben vielen historisch und wissenschaftlich bedeutsamen Gebrauchsgegenständen und Waffen aus der Geschichte Perús bewundert werden. Die Exponate stammen aus den verschiedenen Epochen peruanischer Geschichte, d. h. von Kulturen, die schon vor den Inka lebten, über die Kolonialzeit bis zur Republik. Es befindet sich in El Jirón Alonso de Molina 1100, im Stadtteil Santiago de Surco.

Besonders spannend für Kinder ist das **Museo de Historia Natural**, das Naturkundemuseum. Hier können sie echte Dinosaurierskelette entdecken und anhand der großen Kollektion ausgestopfter Tiere viel über die Fauna in Peru lernen. Das Museum steht im Stadtviertel Jesús María auf der Avenida Arenales 1256.

Das **Museo de la Nación** ist in einem groben Betonturm untergebracht. Die Hauptfunktion dieses Museums ist die Erhaltung der peruanischen Kunst. Es verfügt über mehr als 15.000 archäologische, historische und ethnografische Stücke aus der vorspanischen, vizeköniglichen und republikanischen Zeit. Interessant und bestürzend ist die Dauerausstellung **Yuyanapaq**, (Quechua für „Erinnern"), die die brutalen Massaker an der indigenen Bevölkerung während des Bürgerkriegs (1980–2000) aufarbeitet. Ab San Isidro fahren Busse direkt bis zur Avenida Prado Este 2466.

Im **Museo de Minerales Andres del Castillo** verbirgt sich eine stolze Sammlung wunderschöner Mineralien. Des Weiteren werden Nazca-Textilien und Chancay-Keramik ausgestellt. Das private Museum ist in einem Kolonialhaus aus dem 19. Jahrhundert, der Casa Belén, untergebracht. Es befindet sich auf dem Jirón de la Union 1030, gleich an der Plaza San Martín.

Wer durch Barranco spaziert, sollte einen Blick in das kleine, aber feine **Museo MATE** nicht versäumen. Ein echter Insider-Tipp! Es ist das einzige Museum der Welt, das auf die Arbeit des bekannten peruanischen Fotografen Mario Testino spezialisiert ist, und zeigt großformatige Fotografien von Weltstars, Fashion und Indigenen in traditionellen Trachten. Es liegt auf der Avenida Pedro de Osma 409.

Der Zoo mit dem Namen **Parque de Las Leyendas,** also Park der Legenden, zeigt über 200 Tierarten aus den drei geografischen Hauptregionen des Landes: Küste, Amazonasbecken und Anden. Die Anlage wird gut geführt und die Tiere haben dort recht ordentliche Lebensbedingungen. Hier haben Sie auch die Chance, das Nationaltier von Peru kennenzulernen – das Vicuña. Die sanften Tiere sind eine Wildform des Alpakas und leben in vielen Teilen der Anden. Die Wolle dieser Tiere ist sehr begehrt, aber auch selten. Nur alle drei Jahre können die Tiere geschoren werden und müssen dazu aus der Wildnis eingefangen werden. Vicuñas sind heute gesetzlich geschützt und der Bestand hat sich in den letzten Jahren erholt.

Bei der Vielfalt an Museen kann man schnell den Überblick verlieren und Prioritäten falsch setzen. Für Sie sollte gelten: Alles kann, nichts muss. Mit einer Einschränkung: Das Museo Larco sollten Sie sich nicht entgehen lassen. Es wird Sie darauf vorbereiten, was Sie in Peru erwartet, und Ihnen einen fulminanten Einstieg in die Landesgeschichte geben. Danach sollten Sie einfach Ihren Interessen folgen. Und denken Sie an Pausen! Die Cafés von

Lima warten nur darauf, Sie mit süßen Köstlichkeiten nach einem langen Museumsbesuch zu er-
frischen!

Feste und Events

Die meisten Feiertage in Lima sind eng verbunden mit der starken Religiosität der Bevölkerung. Am meisten verbreitet ist aufgrund der Eroberung durch die Spanier der katholische Glaube. Mehr als 80 % der Peruaner bezeichnen sich als gläubige Katholiken. Bei katholischen Festen wird jedoch auch immer wieder der Einfluss prähispanischen Kulturen deutlich. Die indigenen Stämme im Tiefland haben beispielsweise noch eigene Vorstellungen und Religionen. Vielerorts werden traditionelle Glaubensvorstellungen mit dem Christentum vermischt und Kirchen häufig auf Inka-Ruinen erbaut.

Deshalb haben auch viele katholische Heilige eine Doppelbedeutung.

Eine Vermischung der Kulturen wird auch bei den traditionellen Festen und Feiertagen deutlich. Egal, zu welcher Jahreszeit Sie nach Peru reisen, es gibt immer viele Feste, Zeremonien, Umzüge und Tänze zu bestaunen. Die meisten Feste in Peru finden zwischen April und Juli statt. Falls Sie die Möglichkeit haben, während Ihrer Reise eines dieser Festivals mitzuerleben, sollten Sie diese Chance auf jeden Fall nutzen. Welche Festlichkeiten Sie in Lima erwarten, das erfahren Sie in diesem Kapitel.

Festival de Lima. Am **18. Januar** feiert Lima den Jahrestag seiner Gründung mit einem Stadtfest.

Carnavales. Schon Wochen vor Beginn der Fastenzeit im **Februar** oder **März** sollte man auf Limas Straßen auf Wasserschlachten zwischen Kindern und Jugendlichen einstellen. Ob durch einfache Wasserbomben, Wasserpistolen oder Farbbeutel, am Ende sind alle nass und haben einen Riesenspaß.

Semana Santa. Die Karwoche wird überall in Peru mit pompösen Prozessionen begangen. In

Lima finden 10 Tage lang Prozessionen statt, die im Höhepunkt am Karfreitag kulminieren. Das historische Stadtzentrum wird festlich geschmückt. Auf der Plaza Mayor werden aus Blüten riesige, kunstvolle Bilderteppiche gelegt.

Noche en Blanco. Angelehnt an die „Weißen Nächte" in Europa werden im Stadtteil Miraflores Anfang **Mai** die Straßen für Autos gesperrt. Dadurch wird Platz geschaffen für ein Festival der Künste mit Tanz, Musik und Kunst.

Fiesta de las Cruces. Am **3. Mai** wird das ursprünglich von den Spaniern eingeführte Fest auf ganz eigene peruanische Weise gefeiert.

San Pedro y San Pablo. Dieses Fest zu Ehren der beiden Heiligen wird am **29. Juni** v. a. rund um Lima gefeiert.

Fiestas Patrias. Die Feierlichkeiten zum Nationalen Unabhängigkeitstag werden am **28.** und **29. Juli** im ganzen Land gefeiert. Neben der feierlichen Bürgerparade ziehen auch Pferderennen an diesem Tag viele Besucher an. Besonders wichtig ist an diesem Tag die Nationalflagge. Haben Sie sie vor Augen? Rot-Weiß-Rot gestreift mit dem Wappen in der Mitte, auf dem das Lama, der Chininbaum und das Füllhorn prangen. Das Rot steht dabei für das Blut, das im Unabhängigkeitskampf vergossen wurde, das Weiß für Freiheit und Gerechtigkeit. Jedes Jahr am Nationalfeiertag am 28. Juli werden an vielen Häusern die Flaggen aufgehängt.

Santa Rosa de Lima. Zu Ehren der Schutzheiligen Santa Rosa finden am **30. August** feierliche Prozessionen statt.

Mistura. Mit einer einzigartigen Festwoche feiert Lima im **September** seinen kulinarischen Reichtum. Auf einer großen Messe können neue Kreationen von Sternköchen à la Gastón Acurio und natürlich eine unendliche Vielfalt traditioneller Speisen aus der peruanischen Fusionsküche an einfachen Straßenständen probiert und genossen werden.

El Señor de los Milagros. Den ganzen Oktober hindurch finden viele Prozessionen zu Ehren des Señor de los Milagros, des „Herrn der Wunder", statt. Daher spricht man in Lima auch vom „Mes Morado", dem „violetten Monat". Die Hauptprozession, die zwischen dem **18.** und **28. Oktober** stattfindet, zählt zu den größten katholischen Versammlungen der Welt. Ausgehend von der Nazarenas-Kirche begleiten hier jährlich

Hunderttausende Gläubige die Replika des Heiligenbildes durch den historischen Stadtkern nach Barrios Altos, Breña und La Victoria. Traditionell werden Kerzen entzündet, die öffentliche Heilige Messe mitgefeiert und Turrón de Doña Pepa gegessen.

Navidad. Weihnachten wird am **25. Dezember** gefeiert, jedoch meist im Kreis der Familie. An diesem Tag werden mehr Raketen und Böller gezündet als an Silvester.

Ein etwas skurriler Geheimtipp zum Schluss: das **Oktoberfest** in Lima. Sie konnten beim Original in München nicht dabei sein? Kein Problem – dank der Anden-Wiesn. Seit 2001 wird im Fußballstadion „Estadio Monumental" so richtig abgefeiert, natürlich in Dirndl und Lederhosen. Das peruanische Bierfest steigt, wenn in Deutschland schon alles vorbei ist: In der dritten Oktoberwoche wird hier vier Tage lang der beliebte Gerstensaft ausgeschenkt, allerdings in ganz peruanischer Manier. Die einheimische Cerveza Cusqueña bringt hier alle in Stimmung. Auch bei den Speisen gibt es ungewöhnliche Kreationen wie Weißwurst in einer aufgeschnittenen Laugensemmel mit Ketchup. Ziemlich deutsch ist dagegen das

Unterhaltungsprogramm: Für original-deutschen Wiesn-Gaudi werden eigens Bands, Tanz- und Schuhplattlertruppen aus Bayern eingeflogen.

Andere Länder, andere Sitten

Kommen wir zu dem, was die peruanische Kultur ausmacht.

Die Bevölkerung von Lima ist von Großstadt-Stress geplagt, der Schmutz, der stets graue, wolkenverhangene Himmel, die streunenden Hunde und die viele Armut in weiten Teilen der Metropole können einem gerade bei der Ankunft ganz schön die auf die Stimmung drücken. Aber wie sind die Limeños drauf und was macht ihre Mentalität aus? Das ist eine Frage, die sich definitiv nicht in ein paar Sätzen, ja. nicht einmal in einem ganzen Buch vollständig beantworten lässt. Aber ein paar Dinge gibt es doch, die auch Sie sicher wiedererkennen werden, wenn Sie Einheimischen in Lima begegnen.

Beginnen wir mit dem Zeitverständnis – La Hora Peruana. In Perú, wie auch in vielen anderen Ländern Südamerikas, beginnt selten etwas zum geplanten Zeitpunkt. Eine Stunde Verspätung ist ganz normaler Bestandteil jeder Alltagsverabredung und wird lachend mit der Hora Peruana begründet. In Lima kommen zur Gemütlichkeit noch lange Wege und Verkehrschaos dazu. Bei privaten Anlässen gehört es sogar zum guten Ton, sich zu verspäten. Generell gilt: keine Hektik. Auch schnelles Gehen ist total unüblich, man schlendert zu jeder Tageszeit. Dagegen wird im Autoverkehr umso öfter gehupt und geflucht. Nehmen Sie es mit Humor. Hier ticken die Uhren einfach anders.

Wer endlich am Treffpunkt angekommen ist, begrüßt sein Gegenüber mit „Hola" und „Buenos días", je nach Tageszeit auch „Buenas tardes", gefolgt von „Que tal?" – „Wie geht´s?". Peruaner sind höflich. Zwischen Männern begrüßt man sich mit Handschlag, unter Freunden mit *abrazo* – das heißt Umarmung und Schulterklopfen. Frauen

werden oft – auch wenn man gerade erst vorgestellt wurde und noch nicht miteinander bekannt
ist, umarmt und mit Wangenkuss begrüßt. Wem
das zu viel ist, sollte es rechtzeitig signalisieren.
Der Handschlag mit und unter Frauen ist eher unüblich und wird als kühl empfunden, dennoch
kann man mit dieser Geste höflich mehr Abstand
einfordern.

Generell scheinen Peruaner weniger persönlichen Raum zu benötigen. In den colectivos, den
kleinen Bussen, sitzt man oft Haut an Haut. Auch
werden niemals Zimmertüren verschlossen, wenn
man zu Hause ist.

Die umwerfende Wärme und Freundlichkeit
der Peruaner werden einen aber über kurz oder
lang völlig für sie einnehmen. Sie sind neugierige
Gastgeber und bemühen sich sehr, die Sprachbar-
riere mit Humor zu durchbrechen. Lieblingsthema
bei privaten Gesprächen in lustiger Runde ist
Klatsch und Tratsch. Der ist nicht böse gemeint,
aber scheinbar ein unabdingbares Mittel, sich über
Aktuelles auszutauschen und sich aufeinander
einzuschwören.

Selbst die bedeutendste Zeitung des Landes
„El Comercio" zitierte 2014 eine Studie, die vier

besondere Eigenschaften der Bewohner von Lima aufzeigt: die Anerkennung von besonderer Arbeitsamkeit und Anstrengung, die Empathie (das heißt auch Tratsch), Kollektivismus (aber nur, wenn er Nutzen bringt) und Treue zur Familie. Interessant, oder?

Frauen in Peru haben die gleichen Rechte wie Männer in Peru und doch merkt man schnell, was hier für ein Frauenbild vorherrscht. Seien es die Texte des populären Reggaeton, das Nachpfeifen, die Kommentare und Blicke auf der Straße oder die viel zu häufigen Meldungen über Morde an Frauen aus Eifersucht: In Peru gelten die ungeschriebenen Gesetze des Machismo und werden wenig hinterfragt. Die Gesetzeslage hat sich allerdings in den letzten Jahrzehnten gebessert, die Strafen bei Gewalt gegen Frauen sind härter geworden und auch die Lateinamerika-weite Bewegung unter dem Hashtag #NiUnaMas (Keine einzige mehr) hat viel in Bewegung gesetzt. Insgesamt ein spannendes Thema.

Die ethnische Vielfalt, die vielen politischen und sozialen Konflikte und die starke Unterschiedlichkeit der Menschen, die in so verschiedenen Landschaften leben, machen es sehr schwer, eine nationale peruanische Identität zu finden. Doch was die Peruaner eint, ist der Stolz beim Sport. Besonders beim Fußball, der heißt geliebt wird. Egal, wie schlecht die Fußballnationalmannschaft spielt: Die peruanischen Fans sind die lautesten. „Viva el Perú ... Carajo!" heißt es im Stadion und auch in einem berühmten Gedicht des Journalisten Donayre Belaúnde. Übersetzt heißt das: Lang lebe Perú, verdammt noch mal! Das Gedicht ist ein Tribut an sein Heimatland und beschreibt den Trotz der Peruaner. Sei es angesichts zerstörerischer Erdbeben, korrupter Politiker oder der harten Lebensumstände in den Andendörfern und Slums. Die Peruaner fürchten keine Schwierigkeiten, sie trotzen ihnen. Und das hat sich nicht geändert. Viva el Perú, carajo!

Kulinarisches

Lima ist der Schmelztiegel für die peruanische Fusionsküche mit ihren andinen, spanischen, afrikanischen, chinesischen und japanischen Einflüssen. Dabei entstand zunächst eine Mischung aus spanisch-maurischen und ursprünglich peruanischen Einflüssen. Aber auch der Einfluss kulinarischer Bräuche aus dem subsaharischen Afrika, der mit Sklaven nach Lima kam, ist nicht zu unterschätzen. Über die letzten Jahrhunderte wurde die Cocina Limena stark durch Einwanderung geprägt. Während der Französischen Revolution kamen geflohene Köche aus Frankreich nach Lima und bemühten sich, dieser seltsamen kulinarischen Mixtur ein paar französische Formen angedeihen zu lassen. Ebenso bedeutsam war der Einfluss der Einwanderung des 19. Jahrhunderts, zu der unter anderem kantonesische Chinesen, Japaner und Italiener gehörten. Die schwierige politische Situation in der zweiten Hälfte des 20. Jahrhunderts brachte zudem einen großen Zuwanderungsstrom aus ländlichen Gebieten in die Städte – und damit natürlich auch nach Lima.

Die sogenannte Criollo-Küche wurde international durch Starköche wie Gastón Acurio bekannt und brachte Lima 2006 die Bezeichnung als gastronomische Hauptstadt des Kontinents ein. Sie hält sogar mehrere Guinness-Weltrekorde für ihre Vielfalt und Qualität. Die Peruaner selbst halten ihre Landesküche hoch in Ehren und feiern sie jedes Jahr im September mit der international beachteten *Mistura*, dem wichtigsten Gastronomieevent des Landes. Für sie steht fest: Die peruanische Küche ist die beste der Welt und damit natürlich auch besser als die mexikanische.

Dank der unmittelbaren Küstennähe ist der Fisch immer superfrisch und die Meeresfrüchte erlesen. Am Dreh- und Angelpunkt des Landes ist zudem stets eine Vielfalt an Produkten und Spezialitäten aus allen Landesteilen verfügbar.

Die Auswahl an kreolischen Restaurants, Chifa, Cebicherías und Pollerías in der Stadt ist gigantisch. Die raffiniertesten Kreationen werden in den schicken Restaurants von Miraflores und San Isidro serviert. Im Zentrum speist man dagegen in historischem Ambiente. In funktionalen *comedores* bekommt man *menús* (Menüs) schon ab 10 Soles. Wer will, kann aber auch dort speisen, wo schon Präsidenten in stilvollen Häusern im Kolonialstil schmausten.

Wer in Lima gut essen möchte, kann um teure Restaurants dennoch einen Bogen schlagen. Ob zarte Rinderherzspieße (anticuchos) von den Straßenständen, Ceviche aus einfachen Cevicherías oder Gerichte zum Mitnehmen direkt vom quirligen Mercado Central – wer so isst, ist nah dran am Leben der Limeños. Das Nationalgericht Ceviche aus durch Limettensaft gegartem Fisch bekommt man preiswert in raffinierten Varianten z. B. im El Verídico de Fidel gereicht. Dieses Restaurant am Stadion Alianza-Lima ist eine regelrechte Pilgerstätte, die besonders für seine *leche de tigre* bekannt wurde. Wer es gehoben bevorzugt, dem empfiehlt sich das Pescados Capitales.

Sie haben Lust, wie die Einheimischen zu speisen? Wer zu Gast bei jemandem ist oder in informellen Familienrestaurants, genannt *fondas* oder *quintas,* isst, bittet mit „bien taipa" um eine besonders reichliche Portion.

Das wohl typischste Gericht ist übrigens *Causa Limeña,* eine Vorspeise, die die Kartoffel zelebriert. Feines Kartoffelpüree mit Chili und Zitrone wird z. B. mit Oliven, Ei und Avocado, aber auch mit Thunfisch, Fleisch oder Meeresfrüchten gefüllt und oft raffiniert angerichtet.

Andere köstliche Vorspeisen sind Ocopa, Papa à la Huancaína und Papa rellena – alle mit Kartoffeln. Die Peruaner sagen übrigens nicht *patata,* wie die Spanier, sondern kurz *papa.* Und wo könnte die Vielfalt an Kartoffelsorten größer sein als hier, im Mutterland der *papa?*

Neben den bereits genannten Gerichten warten auf den probierfreudigen Besucher außerdem *ají de gallina,* ein pikantes Hühnergeschnetzeltes in cremiger Soße, und *lomo saltado,* sautiertes Rindfleisch, typischerweise zu Pommes und Reis – ja, Sie haben richtig gehört. Hier gibt es immer viele Kohlenhydrate, da schließen sich zwei Beilagen nebeneinander nicht aus. *Pollo a la brasa*, also Hühnchen vom Grill, gibt es fast an jeder Ecke und wird aber auch bei Familienfeiern oft zubereitet. Interessanterweise haben beim großen Kochen oft die Männer die Hosen an. Sehr beliebt ist auch *chifa*, ein chinesischer Zweig der peruanischen Küche, mit Gerichten wie *arroz chaufa*, *wantan* und *pollo chijaukai*. Lassen Sie sich nicht abschrecken von Namen wie *tacu-tacu*, *cau cau* oder *rocoto relleno*. Es verbirgt sich nur Gutes dahinter. Lima rühmt sich auch des besten *arroz con pato*, also Reis mit Ente, gedünstet in Bier mit Koriandergrün und Knoblauch.

Und kennen Sie eigentlich das Nationalgericht von Perú? Es heißt Cuy. Das Wort entspricht in etwa dem Laut, den das gesuchte Tier von sich gibt. Haben Sie es erraten? Es geht um das Meerschweinchen. Während sie in Deutschland von Kindern geliebt und umsorgt werden, heißt es hierzulande: Ab in den Kochtopf! Cuys sind ein fester Bestandteil der traditionellen Anden-Küche. Bis zu 65 Millionen Nagetiere werden in Peru pro Jahr verzehrt. Neugierig geworden? Der Geschmack ist gut vergleichbar mit Kaninchen. Weil

Cuys normalerweise nicht mehr wiegen als 500 bis 600 Gramm, gibt es hier bestimmte Zuchtsorten, die zwei bis drei Kilo auf die Waage bringen.

Die hiesige Küche ist so vielfältig und einladend, dass man auch nach Wochen Restaurant-Rallye und vielen Kilos mehr auf den Hüften längst noch nicht alles probiert haben kann.

Am liebsten trinkt man zu diesen reichhaltigen Köstlichkeiten Softdrinks, wie die nach Kinderkaugummi riechende, knallgelbe Inca-Kola oder *chicha morada*, den dunkelvioletten Saft von gekochtem schwarzem Mais mit viel Zucker. Gesünder und nicht weniger lecker sind aber Säfte, die hier in der Regel frisch gepresst serviert werden. Und haben Sie schon mal Zuckerrohrsaft probiert?

Für den Dessertmagen gibt es dann *mazamorra morada* mit *arroz con leche* (Milchreis mit dunkler Maissüße) und andere Kalorienbomben.

Wer sich selbst versorgen und den Geldbeutel schonen möchte, findet auf verschiedenen Märkten ein fantastisches Einkaufsangebot. Besonders regional geht es samstags am Parque Reducto zu, wo ein kleiner Wochenmarkt stattfindet. *Causa* und frische Tapas mit Meeresfrüchten gibt es zum

Mitnehmen im Markt La Preferida auf der Avenida Arias Araguez.

Die peruanische Küche ist reich an frischen und gesunden Zutaten. Trotzdem ist offensichtlich, wie ungesund sich der Großteil der Bevölkerung in den Städten ernährt. Hamburger an jeder Ecke, Fast Food, Softdrinks und viel Süßes, dazu immer weniger Bewegung lassen die Zahlen von Patienten mit Übergewicht und Diabetes in Lima und den anderen Küstengebieten Perus rasant ansteigen.

Die besten Unterkünfte in Lima

Wie in jeder Metropole ist die Auswahl und Vielfalt an Unterkünften auch in Lima schier unendlich. Ob über die vielen Hotel-Buchungsportale oder über Airbnb – mit Leichtigkeit findet hier online jeder die perfekte Unterkunft nach seinem Geschmack und für seinen Geldbeutel und kann bequem im Voraus buchen. In diesem Reiseratgeber wollen wir Ihnen dennoch einige Adressen an die Hand geben, bei denen Sie sicher auf Ihre Kosten kommen. Ob günstig für junge Reisende, schick und modern, ausgefallen oder die ganz großen Häuser: Wir haben für Sie gesucht und gefunden.

Die günstigen Hostels in Lima überzeugen nicht nur im Preis, sondern auch durch Sauberkeit und Sicherheit. Das **1900 Backpackers Hostel** gegenüber dem Museo de Arte de Lima (MALI) und dem Museo de Arte Italiano ist in einem herrschaftlichen Bau aus der Kolonialzeit im alten Stadtkern untergebracht und überzeugt auch innen mit stilvollem Ambiente. In Mehrbettzimmern mit Doppelstockbetten kann man schon ab ca. 9 € pro Nacht unterkommen. Den Gästen steht neben gepflegten Bädern auch eine Gemeinschaftsküche zur Verfügung. Ein einfaches Frühstück, frische Bettwäsche und Wifi sind inklusive. Um die persönlichen Wertsachen schützen zu können, gibt es Schließfächer. Die Abende kann man gesellig mit anderen Reisenden in der Bar des Hauses verbringen. Das Preis-Leistungs-Verhältnis ist beim Hostel 1900 Backpackers Hostel unschlagbar.

Sehr sympathisch ist außerdem das **Red Llama Eco Hostel** auf der Calle Colina in Miraflores. Das Hostel legt besonders großen Wert auf umweltverträglichen Tourismus. Das Ambiente ist locker und alternativ. Bettwäsche, Wifi,

Brettspiele, Küchenbenutzung und das Frühstück sind im Preis inbegriffen. Außerdem gibt es die Möglichkeit, Bücher zu tauschen und DVDs auszuleihen. Im Schlafsaal kommt man schon ab 9 € unter, private Doppelzimmer mit eigenem Bad gibt es aber auch. Gleich neben dem Kennedy-Park gelegen, befindet man sich hier in bester Nachbarschaft zu den angesagtesten Clubs und Bars der Stadt. Vom Hostel aus werden verschiedene Touren angeboten, darunter ein Rundgang durch das kreative Barranco und Bar-Hopping im kolonialen Stadtzentrum. Sogar peruanisch zu kochen, kann man hier lernen!

Gut bewacht und in einer ruhigen Straße liegt das **Barranco Backpacker's Inn**. Das renovierte Kolonialgebäude ist nach peruanisch-andinem Geschmack eingerichtet und wirkt vor allem durch seine Unkompliziertheit sehr einladend. In acht großen Schlafsälen kommt man schnell mit Gleichgesinnten in Kontakt. Wie überall ist auch hier das Frühstück inklusive. Wifi, Küche und Schließfächer stehen jederzeit zur Verfügung. Das Personal spricht Englisch und Spanisch und ist zuvorkommend. Dank der genialen Lage ist man in nur einer Minute mitten im Nachtleben. Der

Parque Municipal de Barranco, um den herum viele Kneipen sowie Bars mit Livemusik, Restaurants und Galerien zu finden sind, liegt nur einen Block entfernt vom Hostel.

Mit fünf Sternen und exzellentem Service wartet Ihnen das **Hotel Sheraton** im Zentrum auf. Zimmerservice gibt es rund um die Uhr. Zwei Restaurants und eine Bar gehören zum Haus. Im Fitnessstudio, im Pool oder im Schönheitssalon tut man Körper und Seele was Gutes.

Auch nicht schlecht ist das altehrwürdige **Gran Hotel Bolívar**. Das Hotel wurde schon 1924 an der Plaza San Martín eröffnet und galt lange als eine der luxuriösesten Adressen Lateinamerikas. Übrigens nächtigten hier schon Stars wie Mick Jagger oder Clark Gable. Im Ambiente des Goldenen Zeitalters ist etwas Besonderes, auch wenn das Hotel selbst nicht mehr ganz so glamourös wie anno dazumal ist. Dafür kommt es mit geradezu erschwinglichen Preisen daher. Für 100 € pro Nacht genießt man hier das Gefühl absoluter Exklusivität.

Teuer und schick wie das Viertel selbst ist das exklusive **Boutique-Hotel El Golf** in San Isidro. Im minimalistischen Ambiente wird man exzellent bedient und im hauseigenen Restaurant werden feinste peruanische Aromen kredenzt. Die Zimmer bieten Marmor, weiche Betten und frische Blumen. Der Golf Club liegt nur zwei Straßen weiter.

Wer sich lieber in Miraflores verwöhnen lassen will, sollte sich im **Belmond Miraflores Park Hotel** einmieten. Umgeben von einem schönen Park und traumhaft am Meer gelegen ist das kleine Luxushotel und bietet einen exzellenten Ausblick auf die Brandung. Eine wahre städtische Oase in nächster Nähe der kulturellen Juwelen der Stadt. Das Ambiente ist märchenhaft und der Infinitypool lädt zum Ausspannen nach einem langen Sightseeing-Tag ein. Das hauseigene Restaurant Mesa18 gehört zu den besten der Stadt.

Günstiger gibt es den Meerblick im **AC Marriott Hotel**. Auch dieses Hotel ist elegant minimalistisch und ideal gelegen in Miraflores. Es gilt als besonders familienfreundlich, da hier auch Kinderbetreuung angeboten wird. So wird auch Eltern endlich die wohlverdiente Entspannung zuteil. Das Hotel liegt gleich neben der großen Shopping-Mall LarcoMar. Die Bedienung ist ausgesprochen freundlich und die Zimmerausstattung sehr gut.

Eine letzte echte Herzensempfehlung sprechen wir für das **Inka Frog B&B** aus. Es gilt zurecht als eine der besten Budget-Unterkünfte Limas und besitzt makellose, geräumige Zimmer. Die Ausstattung ist modern: Flachbildfernseher, Klimaanlage und schickes Interieur. Auf dem kleinen Dachpatio ist die Atmosphäre besonders reizvoll. Das Personal ist ausgesprochen hilfsbereit und der Kaffee zu jeder Tageszeit kostenlos. Das Frühstück schmeckt, der Preis stimmt. Hier kann man wirklich nichts falsch machen.

Wir wünschen Ihnen einen angenehmen Aufenthalt in Lima und hoffen, dass Sie, in welcher Unterkunft auch immer, stets ausgeruht und voller Energie aufwachen, denn Lima, wenn man es kennenlernen will, verlangt einem so manches ab. Bleiben Sie sicher und lassen Sie es sich so richtig gut gehen!

Ausflüge in die Umgebung

Rund 30 km südöstlich des Stadtzentrums von Lima im Tal des Río Lurín liegt **Pachacámac**, eine archäologische Fundstätte. Dort wurden schon 1896 mit den Ausgrabungen der antiken Kultstätte Pachacámac unter dem deutschen Archäologen und Südamerikaforscher Max Uhle begonnen. Zum Vorschein kam eine ganze Stadt, die schon zur Zeit der Conquista über tausend Jahre alt gewesen sein muss und im Laufe der Zeit von verschiedenen Kulturen bewohnt und gebaut wurde. In dem Ruinenkomplex kann man heute mehrere Tempel und Paläste sowie ein kleines Museum besuchen. Auch wenn sie mit Machu Picchu wahrscheinlich nicht mithalten kann, lohnt sich der Besuch. Die Pachacámac war bei der Ankunft der Spanier eines der größten und wichtigsten urbanen Zentren der Inka. Die Anfänge der Siedlung reichen bis in die Lima-Kultur ab dem ersten Jahrhundert nach Christus zurück. Später übernahmen die Wari die Stätte und danach die Ichma. Zuletzt wurde die Stadt von den Inka erkämpft. Jede der genannten Zivilisationen veränderte und erweiterte die Stadt. Heute sind viele der eindrucksvollsten Bauten noch gut erhalten und lassen uns erahnen, wie hier gelebt und zelebriert wurde.

Der Name Pachacámac kommt aus der Sprache Quechua, der Sprache der Inka, die auch heute noch von einem Teil der indigenen andinen Bevölkerung gesprochen wird. Das Wort kann verschieden übersetzt werden. Man ist sich jedoch einig, dass es den gleichnamigen Schöpfergott bezeichnet. Es heißt „der, der die Welt beseelte" oder „der, der Land und Zeit erschuf". Man kann hier zu Fuß in Serpentinen bis zur Spitze des ausgegrabenen Sonnentempels, des Templo del Sol, steigen und von dort an klaren Tagen eine weite Aussicht über den Pazifik genießen. Der eindrucksvollste Bau ist Acllahuasi, das „Haus der auserwählten Frau", das jedoch seit einem Erdbeben 2007 stark einsturzgefährdet ist. Der Anblick aus sicherer Entfernung ist dennoch einfach fantastisch. Wenn Sie Pachacamac besuchen, vergessen Sie nicht, eine Kopfbedeckung mitzunehmen. In der wüstenartigen Landschaft wird es schnell unerträglich heiß. Sehr bequem sind geführte Tages- und Halbtagestouren, die von verschiedenen Reiseveranstaltern in Lima angeboten werden und komfortabel online im Voraus gebucht werden können.

Von Pachacámac lohnt sich ein Abstecher nach **Lurín** ins *barrio artesano*. Dort stellen Kunsthandwerker Keramikobjekte, andinen Weihnachtsschmuck, farbenfrohe *arbolitos des vida* (Lebensbäume) und vieles mehr her und bieten es zum Verkauf. Hier ist allerdings Vorsicht vor Taschendieben angesagt. Nehmen Sie deshalb ein sicheres Taxi, um sich in Lurín zu bewegen.

Wer nach Pachacámac noch nicht genug von sagenumwobenen Orten hat, sollte anschließend nach **Puruchuco** fahren. Dieser riesige Inka-Friedhof tauchte 2002 groß in den Medien auf, als dort über 200 sehr gut erhaltene Mumien entdeckt wurden. Damit handelt es sich um einen der spektakulärsten und umfangreichsten Funde der Geschichte. Neben vielen kostbaren Grabbeigaben wurden auch die Grundrisse eines Herrscherhauses ausgegraben. Dieses wurde rekonstruiert und kann heute besichtigt werden. Allerdings liegt Puruchuco in einer sehr ärmlichen Siedlungsgegend, durch die man sich am besten nur im sicheren Taxi bewegt.

Auf der entgegengesetzten Seite von Lima liegt **La Punta**. Das ehemalige Fischerdorf avancierte im 19. Jahrhundert zum Baderesort für gehobene Gäste. Auf der schmalen Halbinsel kann man wunderbar am Strand und durch das angenehme Reichenviertel mit seinen zahlreichen Villen im Neokolonial- und Art-decó-Stil spazieren. Vor der Küste liegt die Insel San Lorenzo mit ihren felsigen Abhängen. Der Ort ist außerdem sehr beliebt bei Surfern, die hier fast ganzjährig gute Bedingungen vorfinden.

Für Surfanfänger werden die besten Kurse jedoch an der Playa Costa Verde bei Miraflores angeboten. Der Strand trägt übrigens den Spitznamen „Waikiki". Erfahrene **Surfer** können sich an den Stränden Barrancos und der Playa La Herradura versuchen. Verschiedene Läden an der Promenade bieten Equipment für alle Fälle. Handgefertigte Boards gibt es im Wayo Whilar in Barranco. Die knalligen Unikate lassen jedes Surfer-Herz höherschlagen. Etwas weiter südlich liegt Punta Rocas, ein ebenfalls beliebter Spot für Surfer, wo auch internationale Surfwettbewerbe stattfinden.

Wer auf **Tauchkurs** gehen will, kann bei Perú Divers in Chorrillos Tauchausflüge buchen. Die angebotenen Kurse sind zertifiziert und haben wirklich Einzigartiges zu bieten. Wer außerdem noch Equipment braucht, findet es ebenfalls in diesem Geschäft. Ein ganz besonderes Erlebnis ist die Tour zu den Islas Palomino vor der Küste von Callao. Dort kann man aus nächster Nähe eine Kolonie von **Seelöwen** beobachten und sogar mit ihnen schwimmen.

Jeder kennt wahrscheinlich das Gefühl nach Action-reichen Sightseeing-Tagen. Man möchte dann einfach nur noch am Strand die Glieder ausstrecken und faul in der Sonne liegend dem Rauschen des Meeres lauschen. Auch wenn die Küste direkt vor Miraflores sehr steinig und wenig einladend ist, so gibt es in nächster Umgebung wunderschöne Strände. Zu den besten Badeorten zählen El Silencio, Señoritas, Caballeros, Punta Negra, Punta Hermosa, San Bartolo und Santa María. Warmes Wasser sollten Sie hier allerdings nicht erwarten, denn die Ströme des Pazifik sind hier sehr kalt. Seien Sie vorsichtig beim Baden, denn es gibt jedes Jahr wieder Badeunfälle, weil Badegäste die Strömungen unterschätzen. Informieren Sie sich deshalb über die örtlichen Gegebenheiten.

Für Naturliebhaber hält ein besonderes Juwel bereit: **Pantanos de Villa**, ein wunderschönes geschütztes Feuchtgebiet, in dem viele Arten von einheimischen Vögeln und Zugvögeln leben. Bei entspannten Halbtagesausflügen zu den Lagunen und ans Meer können Sie in aller Ruhe verschiedene Vogelarten, darunter Reiher, Kormorane, Möwen und Austernfischer beobachten. Gut geschulte Führer zeigen Ihnen einheimische Pflanzen und Wasserinsekten, die alle eine wichtige Rolle im Ökosystem spielen, und erklären auch, wie wichtig Ressourcen und Lebensräume für diese natürliche Zuflucht sind.

Wer Zeit für einen Abstecher mit Übernachtung hat, den erwartet ca. 260 km südlich von Lima die Stadt Paracas in der Regio Ica. Dort in der Umgebung warten viele spannende Attraktionen auf Abenteuerlustige. Sei es das Schwimmen mit Seelöwen und süßen Humboldt-Pinguinen auf den Islas Ballestas, der National Park Paracas mit seinen imposanten Küstenformationen, die Stadt Pisco ein wenig weiter nördlich oder die märchenhafte Oase Huacachina. Ein echtes Schnäppchen macht man im Hostel Paracas Backpackers House, einem sauberen und sicheren Hostel für unkomplizierte Backpacker-Reisende. Außerdem liegt ganz in der Nähe Caral, die bisher älteste gefundene Stadt des amerikanischen Kontinents. Man merkt schnell, hier in Perú lässt einen die Geschichte niemals los. Überall gibt es spannende Ruinen zu entdecken und viel zu lernen über längst untergegangene Zivilisationen.

Sprachkurse

Die beste Art, um in die Kultur des Landes einzutauchen und mit Einheimischen in Kontakt zu kommen, ist, die Sprache zu lernen. Wer sich nicht mit ein paar spanischen Floskeln zufriedengeben will, findet in Lima sehr einfach Sprachkurse. Unter den vielen Sprachschulen sind das Centro de Idiomas und das El Sol hervorzuheben. Wer länger in Lima bleiben will, kann in ersterem einen Intensivkurs über ein Semester mit 40 Wochenstunden belegen. Das El Sol bietet einwöchige Kurse in verschiedenen Schwierigkeitsstufen an.

Wer sich auch an Quechua versuchen möchte, kann sich an der ältesten Universität Südamerikas, der Universidad Nacional Mayor de San Marcos, im Sprachzentrum für einen Sprachkurs anmelden. Angeboten werden verschiedene Niveaus für Anfänger bis Fortgeschrittene. Quechua ist die repräsentativste unter den indigenen Sprachen in Peru und wird noch heute in vielen Landesteilen gesprochen.

Budgetplanung

Lima ist die teuerste Stadt Perús. Die Mieten und Einkommen sind hier überdurchschnittlich hoch im Vergleich zum Rest des Landes. Und das merkt man an den Preisen. Wer gerade erst aus Europa anreist, wird das aber nicht unbedingt bemerken. Als Reisender mit kleinem Budget kommt man in Lima gut mit 35 € pro Tag aus. Günstige Hostelzimmer oder Schlafsaalbetten gibt es ab 9 €, ein Mittagsmenü in familiär geführten, praktischen *Comedores* kostet oft nur 10 Soles, also etwa 2,50 €. Auf Märkten und auf der Straße gibt es günstiges Essen zum Mitnehmen.

Auch, um viel zu sehen, braucht man nicht viel Geld. Die Eintrittspreise von Museen und historischen Sehenswürdigkeiten kosten zwischen 2 und 10 Soles, also umgerechnet nur 50 Cent bis 2,50 €. Nicht unterschätzen sollte man dagegen die Kosten für sichere Taxen. Wer umsichtig und ohne Wertsachen unterwegs ist, kann aber problemlos die öffentlichen Transportmittel wie Sammeltaxen und Busse nutzen. Als Faustregel gilt: Eine Fahrt – 1 Sol. Als Europäer ohne Sprachkenntnisse kann man sich jedoch schlecht gegen Abzocke wehren. Der Fahrtpreis variiert, je nachdem, wo Sie aussteigen wollen. Ärgern Sie sich nicht, wenn man von Ihnen das Doppelte verlangt und Sie es erst später bemerken. Das passiert wahrscheinlich jedem Touristen einmal, wenn nicht öfter.

Wer besser unterkommen will und gern im Restaurant isst, sollte ein Tagesbudget zwischen 50 und 100 € einplanen. Hinzu kommen Kosten für geführte Touren und gebuchte Ausflüge. Dort ist der finanzielle Spielraum natürlich groß. Grundsätzlich kommt man günstiger, wenn man sich in Gruppen zusammenschließt. Je mehr Leute, desto günstiger in der Regel die Unternehmung und umso größer der Spaß.

Wer es hat, kann es auch ausgeben: das liebe Geld. Nach oben sind der Fantasie in Lima keine Grenzen gesetzt. Das haben unsere Hotelempfehlungen schon anklingen lassen. Vergessen Sie dennoch nicht, das Leben in Lima abseits der Touristenströme, die besondere Atmosphäre und auch die günstigen und kostenlosen Genüsse zu kosten. Die vielen Impressionen, die Lima dem aufmerksamen Besucher schenkt, sind nicht mit Geld aufzuwiegen.

Der Wechselkurs zwischen Peruanischem Nuevo Sol und Euro liegt schon mehrere Jahre relativ stabil zwischen 1:3,5 und 1:4,5. Aber gerade bewegt die Coronakrise natürlich auch die Finanzmärkte. Tipps zum Thema Geld finden sich im jetzt folgenden Kapitel.

Hinweise zur Sicherheit

Das Auswärtige Amt warnt derzeit vor touristischen Reisen nach Perú. Das Land ist von der Coronakrise schwer erschüttert. Perú hat eine der höchsten Sterberaten von Coronainfizierten weltweit. Das schlecht ausgestattete Gesundheitssystem ist mit den hohen Infektionszahlen überfordert. Isolation ist besonders in den Slums um Lima, wo die Menschen in ärmlichen, selbst gezimmerten Hütten unter katastrophalen hygienischen Bedingungen leben, kaum möglich. In vielen Regionen des Landes

gelten nach wie vor strenge Ausgangsbeschrän-
kungen. Besonders schwer von der sozialen Isolation sind Kinder und Senioren betroffen. Das Land
liegt wie im Trauma und wird noch lange brau-
chen, um sich von der Krise zu erholen. Sämtliche
Reiseverbindungen ins Ausland sind gekappt, der
Flugverkehr liegt größtenteils lahm.

Doch auch lange vor der Coronakrise war die
politische Stimmung im Land immer wieder von
sozialen Unruhen, Demonstrationen und Unruhen
geprägt, teilweise mit gewaltsamen Ausschreitun-
gen. Die Kriminalitätsrate ist sehr hoch. Das ist
auch kein Wunder, denn einer von fünf Menschen
in Lima lebt quasi mittellos. Auch wenn die Ge-
fahren teilweise übertrieben dargestellt werden
und Legenden über spektakuläre Verbrechen natürlich aus Einzelfällen entstehen. Heute ist die
Stadt deutlich sicherer als noch in den 1980er-Jah-
ren.

Für Touristen in Lima gelten vor allem die
Elendsviertel am Rand der Metropole, aber auch
Märkte, Einkaufsstraßen, Bahnhöfe und der öf-
fentliche Personennahverkehr als sehr gefährlich.
Hier ist das Risiko, Opfer von Raubüberfällen,
Diebstählen und Entführungen zu werden,

besonders hoch. Zu schweren Verbrechen mit körperlichen Verletzungen kommt es selten. Dennoch sollte man immer Vorsicht walten lassen.

Selbst in den bei Tageslicht sicheren Vierteln wie Miraflores und Barranco, die oft von Touristen besucht werden, kommt es bei Nacht zu Diebstählen und Überfällen. Am sichersten ist es, nur so viel Geld mitzunehmen, wie man an einem Tag ausgibt, sich unauffällig in T-Shirt und Jeans zu kleiden und den Pass im Hotel zu lassen. Wenn man nicht gerade zu offiziellen Anlässen geht, reicht eine Kopie völlig aus.

Um sicher von A nach B zu kommen, sollten Touristen immer ein Taxi bei einem staatlich anerkannten Taxi-Unternehmen bestellen. Taxen von der Straße heranzuwinken, ist zwar schneller und bequem, aber keinesfalls sicher! Oft genug sind Taxifahrer in Verbrechen wie Raub und Express-Entführungen mit Erpressung von Bargeldabhebungen involviert. Trauen Sie deshalb keinen Tipps von Fahrern. Sie fahren Sie sicher gern an Orte, wo für sie eine Provision dabei herausspringt.

Halten Sie Ihren Rucksack oder Ihre Handtasche bei dichteren Menschenansammlungen immer vor sich. Bewegen Sie sich nachts nie allein und meiden Sie unbedingt schlecht beleuchtete Straßen und Zonen. Tragen Sie keinen auffälligen Schmuck oder Wertsachen bei sich. Das Smartphone ist man schneller los. als man gucken kann. Behalten Sie im Club Ihr Getränk unbedingt im Blick, denn es werden K.O.-Tropfen eingesetzt. Nutzen Sie für den Flughafentransfer nach Lima nur die lizensierten Taxi- und Busgesellschaften im Ankunftsbereich.

Rufen Sie im **Notfall** die Policía de Turismo (Touristenpolizei) in Lima in der Calle General Vidal 230, Tel. +511 4601060, 4600849, 4600921.

Heben Sie Geld ausschließlich im Regierungsviertel an registrierten Bankautomaten ab. Dieser Teil der Stadt ist der einzig wirklich sichere. Die ständig hohe Polizeipräsenz auch tagsüber garantiert dafür. Viele Banken haben 24h-Bahnkautomaten, die Ihnen rund um die Uhr zur Verfügung stehen. Heben Sie Geld dennoch nur tagsüber ab. Die Wechselkurse sind fast überall sehr gut. Wer Bargeld wechseln möchte, bekommt einen noch besseren Kurs in den *casas de cambio*, also

Wechselstuben. Diese finden Sie im Stadtzentrum in der Ocoña und Camaná sowie in Miraflores auf der Avenida José Larco. Wegen häufiger Banknotenfälschung sind Geldwechsler auf der Straße nicht empfehlenswert.

Auch Erdbeben sind in Lima ein Thema bei der Sicherheit. Das ganze Jahr hindurch kommt es in Lima zu leichten und gelegentlich mittleren Erdbeben. Zuletzt wurde 2007 die Region Ica 300 km südlich von Lima von einem Erdbeben der Stärke 8,0 schwer getroffen. Dabei kamen über 500 Menschen ums Leben. Solche und leichtere Erdbeben können in Lima jederzeit auftreten. Achten Sie deshalb darauf, nur erdbebensichere Unterkünfte zu mieten. Das ist in Peru aufgrund der weiten Verbreitung von informellem Wohnungsbau selbst in sogenannten „besseren Vierteln" keine Selbstverständlichkeit.

Und noch ein Hinweis zu Lebensmitteln: Bei frischem Obst und Gemüse vom Markt ist höchste Vorsicht geboten. In anderen Teilen des Landes legt man es für einige Minuten in chlorhaltige Lösungen, um mögliche Parasiten sicher abzutöten. Die bekommt man an jedem Eckladen günstig zu kaufen. Ob das in Lima notwendig ist, erfahren Sie von Einheimischen vor Ort. Fragen Sie am besten in Ihrer Unterkunft nach. Auch bezüglich des Trinkwassers kann es hier schnell unangenehm werden, wenn man unvorsichtig ist. Das Leitungswasser ist kein Trinkwasser! Kaufen Sie Wasser deshalb nur in originalverschlossenen (!) Flaschen.

Diese Hinweise sind sehr allgemein gehalten und keineswegs vollständig, da sich die Sicherheitslage im Land und speziell in Lima jederzeit ändern kann. Bitte lesen Sie sich deshalb vor jeder Reise stets die aktuellen Sicherheitshinweise auf der Webseite des Auswärtigen Amtes durch.

Checkliste – Haben Sie an alles gedacht?

Zum Abschluss dieses Reiseratgebers finden Sie hier eine kleine Checkliste für die Vorbereitung Ihrer Reise. Sind die Koffer gepackt? Dann sollten Sie diese Punkte noch einmal sorgfältig durchgehen.

Ihr Reisepass sollte noch mindestens sechs Monate lang gültig sein, falls nötig, besorgen Sie sich rechtzeitig ein Visum.

Kopien vom Pass, der Reiseversicherung und weiteren wichtigen Dokumenten sollten in Papierform und digital im E-Mailpostfach jederzeit griffbereit liegen. Eine unauffällige Brusttasche für die wichtigsten Dokumente und Wertsachen ist dafür sehr praktisch.

Haben Sie alle empfohlenen Impfungen und Medikamente? Nehmen Sie sich Zeit für ein reisevorbereitendes Gespräch mit Ihrer Hausärztin oder Ihrem Hausarzt.

Außerdem: Auch wenn das Wetter in Lima ganzjährig sehr angenehm ist, sollten Sie für Ausflüge in die Anden warme und wetterfeste Kleidung mitnehmen.

Auf langen Busfahrten durchs Land sind Ohrstöpsel verlässliche Helfer gegen laute Filme und quirlige Mitreisende. Aber auch in trubeligen Hostels können Sie einen vor so mancher schlafloser Nacht bewahren.

So ungewöhnlich das klingen mag: Nehmen Sie immer ein wenig Toilettenpapier mit, egal, wohin Sie gehen. In öffentlichen Toiletten und Restaurants ist meist keines vorhanden. Feucht- oder Taschentücher tun es natürlich auch. Und noch eine Besonderheit: Das Klopapier landet hier nicht im WC, sondern in einem Mülleimer daneben. Wer das nicht beherzigt, hat schnell Probleme mit verstopften Rohren. Was könnte unangenehmer sein?

Haben Sie auch genügend freien Speicher in der Cloud? Um alle Fotos von unterwegs sicher mit nach Hause zu bringen, lieber noch mal ausmisten!

Für einen reibungslosen Reiseablauf können die meisten Unternehmungen schon im Voraus online gebucht werden. Wenn es sich nicht gerade um den Inka-Trail in Cusco zur Hauptsaison dreht, geht das in der Regel aber auch spontan. Statt Monate im Voraus alles minutiös zu planen, lohnt es sich, mit offenen Augen und Ohren nach spannenden Aktivitäten Ausschau zu halten und sich mit anderen Reisenden auszutauschen. Genießen Sie den Moment! Es zahlt sich aus.

Sonnencreme nicht vergessen. Und dann kann es losgehen!

Wir wünschen Ihnen viel Spaß in Lima und eine unvergessliche Zeit!

Herstellung und Verlag:

BoD – Books on Demand, Norderstedt

ISBN: 9783754326558

© Mirella Lauterbach 2022

1. Auflage

Kontakt: Psiana eCom UG/ Berumer Str. 44/ 26844 Jemgum

Covergestaltung: Fenna Larsson

Coverfoto: depositphotos.com